# Denis DUSSOUBS, Gaston

## SA VIE, SA MORT

### 1818 - 1851

## Par le Citoyen **Alfred TALANDIER**

DÉPUTÉ DE LA SEINE.

Portrait illustré de DUSSOUBS

D'APRÈS UNE ÉPREUVE DAGUERRIENNE

Exécuté, en 1851, par Collard

Suivie d'une PIÈCE DE VERS

du Citoyen Étienne CARJAT

*Conserver la couverture*

Prix : **50** centimes

PARIS

Imprimerie J. RIGAL et Cie, passage du Caire, 56

1880

# DENIS DUSSOUBS

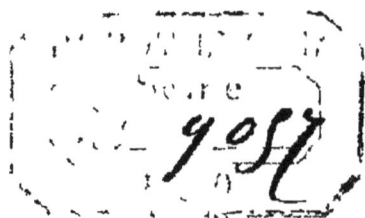

# BIOGRAPHIE

## DE

# DENIS DUSSOUBS

### 1818-1851

## Par Alfred TALANDIER, Député

———————

### CHAPITRE PREMIER

#### Le nom de Dussoubs-Gaston.

Denis Dussoubs et ses frères, Marcelin et Hippolyte, portaient deux noms : celui de Dussoubs, leur père, et celui de Gaston, leur oncle et père adoptif.

L'histoire de ce double nom est assez touchante et romanesque pour mériter d'être racontée.

Le grand-père maternel des Dussoubs s'appelait Gaston. Il était chaudronnier à Saint-Léonard, petite ville du Limousin, laquelle a eu longtemps la peu enviable renommée d'être le bourg-pourri des Peyramont.

Pour dire toute la vérité, c'étaient les campagnes plus que la ville même qui étaient inféodées aux Peyramont ; mais elles l'étaient tellement que lorsque, tout récemment, elles se sont décidées à s'affranchir de ce vasselage, en ne donnant qu'une très mince minorité de voix à M. de Peyramont fils, celui-ci en a été si horriblement surpris qu'il en a littéralement perdu la tête.

Gaston, le chaudronnier, mourut quelque temps avant la première révolution, laissant une veuve avec quatre ou cinq enfants, dont un seul garçon, Denis, qui eut le talent, comme on va le voir, de devenir pour ses neveux, un oncle d'Amérique.

A l'âge de 18 ans, Denis Gaston partit pour Saint-Domingue, où il avait un parent, riche colon.

Une dame Robert, sœur de sa mère, lui paya les frais de son voyage, qui ne s'élevèrent qu'à environ 300 francs, parce que le jeune homme se rendit à pied de Saint-Léonard à Bordeaux, son petit sac sur le dos, couchant dans le premier taudis ou la première grange venue, et n'ayant pour toute société que cette aimable compagne de la jeunesse, l'espérance.

Arrivé à Bordeaux, il chercha un navire en partance pour Saint-Domingue et s'y embarqua. Il vecut pendant la traversée à la table des matelots, si bien qu'il lui restait de ses 300 fr., en arrivant à Saint-Domingue, la somme de 1 fr. 25 c.

On peut aisément imaginer la figure qu'il dût faire à la tête de ce capital.

Muni de quelques lettres de recommandation, il se rendit, aussitôt arrivé, auprès des personnes à qui elles étaient adressées, et reçut l'accueil assez froid sur lequel partout peut compter la pauvreté. Cependant, il parvint à se faire accepter sur une habitation en qualité d'économe. Il avait le logement, la table, et 1800 fr. d'appointements.

La profession de surveillant de nègres n'était pas précisément brillante. Les économes ou aspirants économes étaient abondants sur la place ; ils ne coûtaient rien ; pour un qui mourait, dix s'offraient à le remplacer. Les planteurs n'avaient que l'embarras du choix ; tandis que le *bois d'ébène* (le nègre), était une marchandise fort recherchée, qu'on ne trouvait qu'à beaux deniers comptants.

Denis Gaston quitta, aussitôt qu'il le pût, l'ingrate profession d'économe, et, avec le fruit de ses économies, il monta une petite boutique. Comme il avait, dans son enfance, en compagnie de son père, le chaudronnier, manié le marteau, il se fit ferblantier. Il prospérait et marchait même à la fortune, lorsque le contre-coup de la Révolution française se fit sentir aux colonies. Insurrection des nègres, massacre des blancs, tel fut le prélude du drame horrible qui finit par l'extermination de presque tous les blancs. Un bien petit nombre échappèrent à la mort. Denis Gaston, grâce au dévouement, peut-être devrions-nous dire à l'amour, d'une mulatresse, eut le bonheur d'être de ce nombre. S'il était mort à Saint-Domingue, les frères Dussoubs, restés pauvres, auraient vu leur vie s'écouler obscure mais tranquille, au milieu de la grande famille des prolétaires du Limousin. Du moins cela est-il fort probable.

Denis Gaston, ayant échappé au massacre, se réfugia à l'île de Cuba. Cette colonie languissait dans l'indolence espagnole. Il reprit le marteau, ouvrit boutique, se fit brocanteur, et pendant les six ans qu'il habita cette île, réussit à se refaire une fortune. Il était en voie de devenir millionnaire lorsqu'éclata la nouvelle de la rupture de la paix à Bayonne et de l'enlèvement des deux rois d'Espagne. Une conspiration générale contre les Français s'ensuivit à Cuba. Si un français s'attardait le soir dans les rues, il risquait d'être assassiné. Enfin, un décret du gouvernement banuit tous les Français de l'île, en leur laissant à peine le temps de faire leurs malles. Denis Gaston dut partir, abandonnant son commerce et ses créances, pour mettre sa vie en sûreté.

Le navire qui le transportait aux États-Unis tomba aux mains des Anglais. Comme nous étions alors en guerre avec cette puissance, les passagers français furent rançonnés sans pitié, et ce ne fut que grâce au capitaine, qui était franc-maçon, que Denis Gaston put conserver une centaine de francs.

Arrivé à Baltimore, il lui eût été impossible de se tirer d'affaire si un corsaire de ses amis, qui exerçait en grand, sous le contre-seing du gouvernement, le métier de voleur patenté, ne lui eût rapporté scrupuleusement des fonds qu'il avait précédemment envoyés, par une prudente précaution, à la Jamaïque. De Baltimore, il se rendit à Philadelphie, où il végéta quelque temps. Il finit par aller se fixer à la Nouvelle-Orléans. Il y resta six ans et y fit une fortune plus que suffisante pour un homme frugal et modeste comme lui.

Après avoir, pendant trente ans, lutté courageusement et avoir échappé à la mort presque par miracle; après avoir fait fortune, avoir tout perdu plusieurs fois, et s'être toujours relevé, à force d'énergie et de persévérance, il se décida à revenir dans son pays et voulut mettre ses parents à l'épreuve, en se présentant à eux comme un homme pauvre, misérable jouet de la fortune adverse.

De tous ses parents, ceux qui le reçurent le mieux, furent les Dussoubs, qui cependant étaient les plus pauvres. La famille Dussoubs ne se composait alors (en 1818), que de trois personnes : M. et Mme Dussoubs et leur fils aîné, Marcelin, qui était né le 8 juin 1815. M. Dussoubs était boulanger à Saint-Léonard, et il gagnait à ce métier tout juste de quoi vivre. Il n'en reçut pas moins bien l'oncle Gaston et lui dit tout simplement que, puisque le malheur voulait qu'il fût revenu pauvre d'Amérique, il partagerait avec eux tout ce qu'il y avait à partager, le vivre et le logement.

Quand M. Gaston eut trouvé que l'épreuve avait duré assez longtemps pour qu'il pût être sûr que l'affection des Dussoubs ne se démentirait pas, il se décida à réaliser le projet longtemps caressé par lui de mettre à l'abri du besoin les excellents parents qui l'avaient si bien reçu le croyant pauvre, et il acheta, pour y vivre à l'aise avec eux, la charmante propriété du Repaire.

## CHAPITRE II.

### Le Repaire.

Figurez-vous un petit manoir situé au milieu des bois, des prairies et des eaux vives du Limousin. Au sud, un jardin à trois étages par où l'on descend à un étang bordé de vertes prairies, entourées elles-mêmes, de l'est à l'ouest, de bois qui s'appellent le bois sauvage et le bois du moulin. A l'ouest, les prairies se prolongent au dessous d'un bois plus grand que les deux autres et appelé, pour cette cause, le Grand Bois. Au nord, à une distance de trois à quatre cents mètres, le village de la Ribière, composé de trois domaines et d'un borderage. Le village, qui dépend en grande partie du Repaire, a ordinairement une population de 50 habitants. Au nord-est, au milieu de la grande prairie, un autre domaine. A égale distance du Repaire, au sud-est et au sud-ouest, deux moulins dont le tic-tac mêle un commencement de bruit de vie industrielle au chant des oiseaux, aux mugissements des bœufs, aux aboiements des chiens, à tous les bruits caractéristiques de la vie pastorale.

Le célèbre agronome anglais Arthur Young, a appelé le Limousin une petite Suisse. On pourrait dire que le Repaire est, en petit, un résumé du Limousin, car tout s'y trouve : eaux, prés, bois, vallons et monts. Ceux-ci, quoique peu élevés, le puy de la Ganne et le puy Rossignol, offrent des vues magnifiques qui se prolongent à plusieurs lieues, et c'est une vraie fête que de passer une soirée d'été ou d'automne sur leur sommet couvert de rouges bruyères.

Aussi comprenons-nous bien l'amour profond que les Dussoubs portaient à ce ravissant coin de terre où s'était écoulée leur enfance. Même à ceux qui n'y sont allés qu'en visite et qui n'ont goûté qu'en passant la simple hospitalité et la paix du Repaire, il est impossible de ne pas conserver dans leur âme une image ineffaçable de cette charmante propriété si bien faite pour ceux qui l'habitaient et qui y avaient apporté cette fleur sociale plus belle que toutes celles des jardins, l'humaine bonté.

Ce fut le 20 août 1818 que Mme Dussoubs mit au monde celui qui devait être, en décembre 1851, le martyr dont nous écrivons la biographie. L'oncle Gaston fut son parrain, d'où le nom de Denis qui lui fut donné.

Nous n'avons aucune preuve matérielle de ce que nous allons dire, mais il nous paraît moralement certain que ce fut la naissance de cet enfant et l'acceptation d'en être le parrain qui déterminèrent l'oncle Gaston à acheter le Repaire et à s'y établir avec la famille Dussoubs. Il avait jusque là hésité beaucoup entre l'idée de retourner en Amérique et celle de rester en France. Le parrainage de la faible créature qui venait de naître fut le lien doux et fort qui rattacha pour toujours l'oncle d'Amérique à la mère patrie.

Le Repaire est situé dans la commune de Moissannes, laquelle relève du canton de Saint-Léonard. Le Repaire était autrefois une propriété seigneuriale, comptant de nombreux domaines. Mais, en 1818, elle était déchue, non de sa beauté naturelle, mais de sa splendeur seigneuriale. Depuis près de deux siècles, elle avait subi des démembrements successifs, et les derniers propriétaires, obérés, se trouvèrent forcés de la mettre en vente.

C'était justement ce qu'il fallait à l'oncle Gaston, qui acheta le manoir avec quatre domaines qui l'entouraient. Le reste de la propriété, qui comprenait quatorze domaines, passa en des mains étrangères.

La description, très insuffisante à notre gré, que nous avons donnée du Repaire, peut permettre au lecteur de se faire une idée du nid charmant où allèrent s'établir, au mois de décembre 1818, l'oncle Gaston et la famille Dussoubs.

Ce fut seulement alors que les Dussoubs apprirent que l'oncle Gaston n'était point un pauvre, comme ils l'avaient cru, mais un oncle d'Amérique pour de vrai.

On mit les meubles sur une charrette attelée de bœufs, les matelas sur les meubles, et sur les matelas on jucha M<sup>me</sup> Dussoubs, avec ses deux enfants, Marcelin et Denis, celui-ci encore à la mamelle. L'oncle et le père allaient à pied, il faisait un froid vif et l'on allait lentement. Mais quel bonheur quand on fut arrivé et que l'oncle Gaston, après avoir montré cette maison, presque un château, ces jardins, ce lac, ces bois, ces moulins, leur dit : tout ceci est à nous !

Hélas ! je n'ose penser à ce qu'est devenu le Repaire depuis la funeste année du Coup-d'Etat. La mort de Denis, le bannissement de Marcelin, ont été suivis de la ruine pour toute la famille, et, après la mort de l'oncle Gaston, arrivée en septembre 1853, la famille Dussoubs a dû vendre le Repaire. Quel déchirement a dû être cette séparation pour les survivants ! Au moins la tante Mimi et l'oncle Gaston eurent le bonheur de mourir au Repaire ; mais M<sup>me</sup> Dussoubs mère s'est éteinte dans la pauvreté, à Saint-Léonard, en 1864.

La tante Mimi, ou plutôt M<sup>lle</sup> Françoise Fouquet, était la mulâtresse qui avait sauvé M. Gaston du massacre de Saint-Domingue. Elle était allée s'établir avec lui à la Nouvelle-Orléans, et avait été pour lui la plus fidèle des amies. Lorsqu'elle apprit que M. Gaston, au lieu de revenir en Amérique, se décidait à rester en France, elle prit son parti elle aussi, et, en 1820, elle arriva au Repaire. Les enfants, au lieu de l'appeler M<sup>lle</sup> Fouquet, lui donnèrent le sobriquet affectueux de tante Mimi qu'elle garda jusqu'à sa mort.

En 1821 vint au monde le dernier des Dussoubs, Hippolyte, le seul qui vive encore. Il habite Limoges avec la veuve et le fils de Marcelin. Ce dernier porte à son tour le nom de Denis. Hippolyte Dussoubs-Gaston est depuis 1870 membre du Conseil municipal de Limoges. C'est surtout à sa qualité de frère de Marcelin et de Denis qu'il a dû cet honneur. Les ouvriers de Limoges sont fidèles au souvenir de ceux qui les ont aimés. Ils ignorent le respect des classes dirigeantes, et ont de bonnes raisons pour cela, car la bourgeoisie ne leur a donné que des exemples de cupidité, de lâcheté et de cruauté. A plusieurs reprises, notamment en 1848 et en 1870, ils ont vu, non pas quelques bourgeois seulement, mais toute la bourgeoisie s'abaisser devant eux au delà de ce qu'il est possible de concevoir. Mais comme ces gens, auxquels la peur inspirait une si plate attitude, se relevaient, une fois l'orage passé, et avec quelle ruse infernale et quelle inhumaine cruauté ils poursuivaient leur vengeance contre ceux dont tout le tort consistait à n'avoir pu les empêcher d'avoir peur!

Les *prêcheurs de respect au peuple* oublient volontiers que c'est partout en France, surtout dans les villes, que ces choses se sont passées. La bourgeoisie a donné au peuple la mesure du respect qu'elle est capable d'avoir pour elle-même : pourquoi donc le peuple respecterait-il ceux qui ne se respectent pas? Ce n'est assurément pas qu'il soit incapable de respect ; voyez au contraire le respect, la tendresse sympathique qu'il montre aux Quinet, aux Michelet, aux Raspail, aux Baudin, aux Dussoubs-Gaston ; je ne veux parler que des morts ; mais il est trop juste pour avoir autre chose que du mépris pour les Baroche, les Rouher, les de Broglie, les de Fourtou, les Buffet, les Bâtbie, les Baragnon et autres monstres d'iniquité.

Et cela est bien, et je suis heureux de dire que, parmi les populations françaises, nulle ne se montre mieux que le peuple de Limoges, capable de discerner ceux qui sont dignes d'amour et de respect et ceux qui ne méritent que la haine et le mépris populaires.

———

CHAPITRE III

Episodes de Collège.

Nous savons que l'enfance des Dussoubs se passa au Repaire, sous les yeux de leurs parents, et notamment de l'oncle Gaston qui, par ses récits sur l'Amérique, confirma en eux et développa les germes de tous les sentiments républicains. Toutefois, cette éducation familiale n'aurait pas été suffisante, et il fallût les envoyer à l'école. Ne pouvant les suivre dans ces pérégrinations scolaires, qui, d'ailleurs, offrent un médiocre intérêt, nous nous contenterons de citer ici un ou deux épisodes qui montreront ce qu'était déjà notre ami Denis à l'âge de 12 ou 13 ans.

Le village de la Jonchère est situé en Limousin, entre la station d'Ambazac et celle de Saint-Sulpice-Laurière. C'est la quatrième station du chemin de fer en venant de Limoges à Paris. A l'époque dont nous parlons, personne en Limousin, sauf peut-être quelques Saints-Simoniens, ne pensait aux chemins de fer, et les villages de la Jonchère, de Laurière et d'Ambazac étaient plutôt trop que pas assez éloignés du monde. Malgré ou à cause de cela, il y avait à la Jonchère un collège, qui dans son temps, eut une certaine réputation. Ce collège qui avait pour principal un curé, le curé Chassaing, n'était pourtant pas un collège très-

clérical ; clérical ou non, le jeune républicain Dussoubs y exerçait, comme nous l'allons voir, une grande influence sur ses
camarades.

Il y avait, non-loin du collège, un vieux cimetière abandonné
qu'on appelait *le Cimetière des Anglais*. Remontait-il, en effet, a
l'occupation du Limousin par les Anglais? Cela est bien possible.
Ce cimetière contenait de nombreux caveaux et des tombes plus
nombreuses encore, le tout en fort mauvais état. Les élèves,
dans leurs promenades, allaient fouiller ce cimetière, et ne res-
pectaient pas toujours les ossements qui y abondaient. L'un
d'eux, surnommé *Trouttet* par ses camarades (j'ignore la raison
de ce sobriquet) imagina de jouer aux paysans de l'endroit un
tour auquel lui et ses camarades finirent par être pris. —

Le principal du collège avait donné à ses élèves des terrains
où il les avait invités a établir des jardins. Chacun avait donc
son jardin. Le cimetière des Anglais était à environ 200 mètres
de là ; ce cimetière était plein de buis, de pervenches et autres
plantes qui attirèrent l'attention de nos galopins.

Le buis faisait très bien pour les bordures de leurs jardinets
et les pervenches pour leur ornement. Bientôt ce fut une ha-
bitude pour les collégiens d'aller prendre dans le cimetière tout
ce qui était à leur convenance.

Un soir que les jeunes jardiniers étaient allés faire au cimetière une de leurs expéditions florales, voilà que, soudainement,
au milieu des ronces et des broussailles, ils aperçurent une tête
de mort, qui, les yeux et la bouche enflammés, sortait de l'ou-
verture en bouche de four de l'un des caveaux. L'effroi fut
général et la fuite aussi : Un revenant ! un revenant ! criaient-ils
en courant à toutes jambes vers le collège. Et voilà, aux yeux
des paysans du village et des pensionnaires du collège, l'histoire
du revenant accréditée.

Seuls, les frères Dussoubs refusaient de croire au revenant, e
Denis surtout se moquait de ses camarades et prétendait qu'
saurait bien mettre le revenant à la raison.

Les autres ne désiraient rien tant que de mettre le courage
de Denis à l'épreuve. Il fut donc convenu, que, tel jour, à telle
heure de la soirée, on irait au cimetière et qu'on verrait alors
comment Denis recevrait le revenant.

Ainsi fut fait, et le revenant ne manqua pas de reparaître.
Aussitôt que Denis l'aperçut, au lieu de se sauver, il lui cou-
rut dessus, et les élèves virent avec admiration le revenant fuir
devant Dussoubs ; mais le revenant eut beau se réfugier dans un
caveau, Denis l'y suivit et en ressortit au bout d'un instant
tirant Trouttet par le collet de son habit. « Tenez, criait-il à ses
camarades, le voila votre revenant: c'est Trouttet. » Et aussitôt
on entoura Trouttet pour lui faire raconter comment il s'y pre-
nait pour faire le revenant. Ce fut pour Trouttet un succès plus
grand qu'il ne l'avait prévu ; mais le succès capital fut naturel-

lément pour Dussoubs qui, à partir de ce jour, fut le héros du collège.

Encore une anecdote pour montrer qu'il était aussi bon que courageux.

La jeunesse en général est volontiers oublieuse du respect dû au bien d'autrui, et souvent les promenades du collège de la Jonchère se changeaient en de véritables maraudes.

Un soir, les élèves du dortoir des grands dévalisèrent le poulailler d'un paysan du voisinage nommé Pierrichou. Le coup fait, ils emportèrent le coq, les poules et les œufs chez un cabaretier nommé Lanne qui cumulait avec cette profession celle de commissionnaire du collège, et était, à ce titre, l'intermédiaire habituel entre les élèves et les parents qui habitaient Limoges, Saint-Léonard, etc. Ayant mis leur butin en sûreté, ils commandèrent à Lanne de leur apprêter ces volailles et lui dirent qu'ils reviendraient dans la nuit faire ribotte chez lui.

Cependant les paysans du hameau s'étant aperçus du rapt de leurs poules, vinrent au collège porter plainte contre les maraudeurs, et, quoique les élèves ne fussent pas encore rentrés, ils purent, par à peu près, désigner assez bien quelques-uns des coupables. Ceux-ci, lorsqu'ils rentrèrent, avouèrent le fait.

Le curé Chassaing, fort mécontent, promit aux paysans que justice serait faite et que réparation leur serait donnée, et, provisoirement, n'ayant pas de prison assez vaste, fit monter les coupables dans le clocher de l'église, dont il fit retirer l'échelle, pour qu'ils ne pussent pas lui échapper.

Denis, bien qu'il n'eût été pour rien dans l'affaire, prit la défense des coupables et fut enfermé avec eux dans le clocher. Funeste idée ! Pendant les premières heures, les prisonniers se tinrent tranquilles et M. le principal espérait déjà les avoir matés par cet acte d'énergie, lorsque soudain, au milieu de la nuit, éclata dans le clocher un vacarme d'enfer. Toutes les cloches mises en branle en même temps sonnaient à toute volée, avec un accompagnement de chants et de cris qui auraient pu faire croire qu'une légion de diables avaient pris possession de l'église.

Les paysans des environs accourent. Qu'est-ce que c'est ? Qu'y a-t-il ? l'église ou le collège sont-ils en feu ? comment faire cesser ce vacarme infernal ?

On délibère, on se rend à l'église, on replace l'échelle, et un des maîtres monte pour représenter, à ces jeunes fous, l'indécence de leur conduite. A peine a-t-il franchi le milieu de l'échelle, que, d'un vigoureux coup de pied donné par un des grands, l'échelle est renversée avec celui qui y montait. On le ramasse, on le frictionne, et le curé invite les maîtres de bonne volonté à tenter l'escalade, pour ramener les révoltés à la raison. Ceux-ci répondent par des éclats de rire formidables et déclarent que, puisqu'on a enlevé l'échelle, ils ne la laisseront pas remettre, à moins que ce ne soit pour eux. C'est Denis qui est le parlementaire, et M. le principal sait que si Denis promet quelque chose, cela sera fait; mais qu'il n'y a pas à rire avec lui, et qu'il lui faudra, à lui aussi, tenir ce qu'il aura promis.

On parlemente donc, on représente à Denis le trouble jeté dans le pays par cette levée de ... cloches. Denis répond qu'il est étonné que le bruit des cloches déplaise à M. le curé et à ses paroissiens; que pour eux, les élèves, ils l'aiment tellement qu'ils regretteront fort de ne pas recommencer. Avec cette menace suspendue sur la tête du principal, il obtient tout ce qu'il veut, c'est à dire qu'on laissera les coupables redescendre et qu'aucun d'eux ne sera puni.

Ainsi finit cet effroyable dissentiment, et le concert qui en avait été la suite; mais l'affaire tourna mal pour le collège lui-même, et cela par la faute du principal.

La promesse faite aux grands fut tenue; mais le principal imagina malheureusement de punir, pour les mettre en garde, les petits qui n'avaient rien fait que de rire du tapage des grands. Le lendemain, au réfectoire, les petits furent invités à mettre culotte bas et à se livrer au fouetteur du collège. Une douzaine d'entre eux furent fouettés, et tous l'auraient été sans l'arrivée inopinée d'un gros personnage, M. Bourdeaux, ancien garde des sceaux, dont les neveux étaient au nombre des fustigés. Le principal était tout entier à sa besogne prétendue justicière, et si occupé qu'il ne s'aperçut de la visite de M. Bourdeaux, que lorsqu'il était trop tard pour lui cacher le douloureux spectacle.

L'ancien garde des sceaux entra dans une grande colère, que Denis enflamma davantage, pour un moment, en prenant la parole et lui représentant que, dans l'exaspération du principal qui ne pouvait punir les grands, seuls coupables, on punissait les petits qui étaient absolument innocents. Denis raconta toute l'histoire, y compris la scène du clocher, et eut un tel succès que M. Bourdeaux, calmé par le rire, ne put s'empêcher de dire, en parlant du narrateur, qu'assurément ce garçon serait un jour quelqu'un.

À la suite de la visite de l'ancien garde des sceaux, les élèves coupables furent renvoyés à leurs familles, et un peu d'ordre rentra au collège de la Jonchère; mais le collège ne survécut guère qu'une année à cet esclandre.

*Sic transit gloria collegii!*

## CHAPITRE IV.

### A l'École de Droit

Je ne sais dans quel lycée les frères Dussoubs achevèrent leurs études secondaires; nous sauterons donc une dizaine d'année et viendrons à Poitiers, où ils étaient en 1842 étudiants en droit. C'est là que j'eus le bonheur de faire leur connaissance et de devenir leur ami.

L'illustre capitale des populations connues autrefois sous le nom de Pictaves ou Pictons, et aujourd'hui sous le nom de Poitevins, avait, à l'époque dont je parle, l'insigne honneur de posséder dans ses murs un choix remarquable de jeunes hommes que leurs parents avaient dû retirer de Paris parceque, disait-on. ils s'y étaient montrés plus assidus aux réunions des sociétés secrètes républicaines qu'aux cours de l'école de droit. Il y avait du vrai dans cet on-dit. L'aîné des Dussoubs avait même, comme membre de la Société des *saisons* ou des *familles*, recueilli, pour sa part, une condamnation a 18 mois de prison pour détention d'armes et de munitions, et il avait subi sa peine à Doullens, d'où, naturellement, il était sorti républicain plus confirmé et plus ardent que jamais. Toutefois, je dois dire que les réunions des sociétés secrètes n'étaient ni les seules, ni les plus dangereuses que la plupart de ces jeunes gens eussent fréquentées. Ils ne s'étaient montrés, en général, insensibles ni aux charmes du Prado, ni à ceux de la Grande Chaumière, ni à ceux du bal masqué de l'Opéra et d'une foule d'autres lieux où l'atmosphère n'était pas précisément celle d'une morale sévère et où les économies paternelles filaient beaucoup trop rondement. Donc, pour causes politiques et autres ces jeunes gens étaient exilés de Paris, et leur arrivée à Poitiers ne contribua pas peu à donner à l'école, où plus tard brillèrent les Ricard et les Ranc, le caractère républicain qui la distingua pendant bien des années et qui peutêtre, mais je n'en puis répondre, la distingue encore.

Ce n'était pas une chose commune alors que d'avoir fait 18 mois de prison. Aujourd'ui, il faut avoir été fusillé, ou au moins déporté en Nouvelle Calédonie, pour qu'il soit permis de parler de ses persécutions politiques. Alors il n'en était pas ainsi, et les 18 mois de prison de Dussoubs l'aîné lui valaient de notre part le respect, pour ne pas dire l'adoration, que l'on doit aux martyrs. Il en rejaillissait même quelque chose sur son frère Denis, que d'ailleurs tout le monde aimait à cause de la franchise, de la générosité entraînante et de la gaîté de son caractère. Ils étaient pour nous des maîtres, et dans les promenades journalières que nous faisions à Blossac, à Saint-Benoît, à la Pierre-Levée ou ailleurs, leur parole était écoutée autrement que nous n'écoutions celle des professeurs de l'école. Par les relations de Marcelin avec les écrivains et les politiques du temps, nous étions toujours informés de ce qui s'écrivait, se faisait, se tramait. Pierre-Leroux, George-Sand et Viardot Garcia s'unissaientils pour publier une revue, aussitôt nous le savions. Un frère et ami cherchait-il un endroit où il fût sûr d'être bien reçu, grâce à Marcelin, c'était à Poitiers qu'il venait. Landolphe nous fit ainsi une visite qui dura assez longtemps et dont nous avons conservé un vivant souvenir, car Landolphe était un de ces hommes qui ont tout ce qu'il faut pour entraîner la jeunesse : taille, beauté, esprit, éloquence, courage, élégance des manières, il avait tout cela et ses récits nous enivraient. Il est encore en Angleterre où nous l'avons retrouvé comme exilé après le coup d'État de 1851. Peut-être ne croit-il pas tout à fait à cette singulière République où l'on applique encore les lois de l'empire aux républicains. C'est à nous de tâcher de lui donner tort. Mais revenons à Poitiers et à l'année 1842.

Les étudiants de l'école de Droit étaient alors une puissance à Poitiers, et de force, comme on va le voir, à tenir en échec, non seulement les autorités de l'École, mais celles de la Préfecture et du Palais de Justice.

La date du 14 Juillet était une de celles que, pour rien au monde, les étudiants de Poitiers n'auraient laissé passer sans une manifestation républicaine. Cette manifestation était d'ordinaire un banquet assaisonné de discours tels qu'en peuvent prononcer de jeunes enthousiastes.

Le banquet du 14 Juillet 1842 brilla, entre tous ceux qui vers ce temps-là furent tenus à Poitiers, par son caractère franchement républicain. On y cassa même un peu les vitres du libéralisme dynastique et modéré, on y prédit la chute prochaine de Louis-Philippe, et l'on y acclama (ce qui était, à coup sûr, fort imprudent) la République comme forme définitive et la seule possible du gouvernement en France.

C'était déjà pas mal subversif ; mais ce qui mit le comble à cette démonstration anti-monarchique, fut la manière dont fut reçue, le soir, l'importante nouvelle que le courrier apporta de Paris.

On sait que le fils aîné de Louis-Philippe, Ferdinand, duc d'Orléans, trouva la mort, le 13 juillet de cette même année, aux environs du château de Neuilly, dans une chute qu'il fit en s'élançant hors de sa voiture dont les chevaux s'étaient emportés. La nouvelle en arriva à Poitiers dans la soirée du 14.

Cet évènement, au dire des fidèles de la branche cadette, fut un malheur public et l'occasion d'un deuil universel. Ce fut, à n'en pas douter, un malheur irréparable pour la famille de Louis-Philippe, pour sa dynastie et pour l'avenir de la monarchie constitutionnelle en France. Il est impossible, en effet, de dire ce qui serait arrivé, s'il se fût trouvé près du roi, en 1848, une tête assez forte et raisonnable pour conseiller à temps la concession de la réforme demandée, et une main assez ferme pour en diriger l'exécution et pour recueillir la couronne en cas d'abdication. Malheureusement pour la dynastie de Juillet, elle avait perdu, lorsque la Révolution de 1848 éclata, ses deux meilleurs soutiens, le duc d'Orléans, fils aîné du roi, et la princesse Adélaïde. L'une était, dit-on, la forte tête de la famille et elle mourut en 1847, l'autre aurait pu en être le bras, et il était mort en 1842. Ainsi, la tête et le bras faisant défaut, Louis-Philippe

en fut réduit à l'entêtement de Guizot, à la présomption de
Thiers, et à l'infatuation de Dupin, Sauzet et Odilon Barrot.
*Triste, Triste*, en vérité !

Les étudiants qui fêtaient, à Poitiers, le 14 juillet en 1842,
grâce à la clairvoyance instinctive que leur donnait la haine
de la royauté, entrevirent tout cela, lorsqu'on leur annonça
l'accident qui venait d'enlever le duc d'Orléans à sa famille. Si
ces jeunes gens avaient été des hypocrites, ils auraient fait
chorus avec les meneurs de ces prétendus regrets universels
qu'inspire toujours, aux gens *bien pensants*, la mort prématurée
des princes ; mais c'étaient de vrais jeunes gens, ayant tout l'en-
train et toute la sincérité de leur âge. Ils sortaient d'un banquet
où ils avaient acclamé la république, et, à ce moment même,
ils apprenaient que l'héritier présomptif, l'espoir suprême de la
dynastie, venait de mourir. Comment n'être pas frappé de cette
coïncidence comme d'un choc électrique ? Ils reçurent le choc
et y répondirent, en commentant en plein café de Castille, et
à très haute voix, cet événement, dont ils déduisirent avec une
impitoyable logique toutes les conséquences futures.

Les écrivains honnêtes et modérés ont écrit que cette mort
donna lieu à des regrets universels, à un deuil national, etc., etc.
C'est toujours ainsi que l'histoire est racontée par les historio-
graphes officiels. Entre l'histoire vraie et l'historiographie
princière, il y a, comme on voit, une grande différence.

L'affaire menaça d'aller fort loin. Les fonctionnaires zélés
étaient d'avis qu'il y avait lieu à des poursuites judiciaires
contre les organisateurs et les orateurs du banquet, et nous
ne serions pas étonnés si l'on venait quelque jour à découvrir
que les dossiers de police de plusieurs des jeunes gens qui
étaient là, et dont plusieurs sont devenus des hommes politiques,
datent du 14 juillet 1842.

Quoi qu'il en soit, il fut décidé, en haut lieu, qu'on ne pour-
suivrait pas. On avait encore un peu de bon sens aux Tuile-
ries, et on comprit que, d'une part, la jeunesse des délinquants
prédisposerait tout le monde en leur faveur, et que, d'autre
part, un procès donnerait une publicité immense à une manifestation hostile dont tout l'éclat, si l'on en restait là, se bor-
nerait à une ville de province. Au lieu de donner l'ordre de
poursuivre, on donna celui de garder le silence sur cette
échauffourée, et on insinua au doyen de l'école de droit qu'il
serait bon, même au risque de voir diminuer momentanément
le nombre des étudiants, de disperser ces Saint-Just en herbe,
et de les renvoyer au sein de leurs familles. Plusieurs pères
furent appelés à Poitiers et invités à surveiller eux mêmes
messieurs leurs fils ; et, comme nombre de ces jeunes enragés
de républicains étaient de fort bons élèves, il ne fut pas diffi-
cile de leur faire passer leurs examens et de les renvoyer chez
eux à coup de boules blanches.

Le doyen fut décoré, ce qui donna à M. Oscar de Vallée —

*quantum mutatus!* — l'occasion de dire et même d'écrire en parlant de lui : *Tulit crucem pretium sceleris.* On sait que la jeunesse est cruelle, et M. Oscar de Vallée était jeune alors. Si quelqu'un lui demandait aujourd'hui lequel vaut le mieux, d'être étudiant a Poitiers, magistrat sous l'empire, ou sénateur sous la République opportuniste ? je suis curieux de savoir ce qu'il répondrait. Ou je me trompe fort, ou il regretterait sincèrement le temps où il était à Poitiers le camarade de Denis et de Marcelin Dussoubs et de toute une flotte de jeunes républicains.

## CHAPITRE V

### Propagande Socialiste

Leur cours de droit fini, les frères Dussoubs revinrent à Limoges, où l'aîné, Marcelin, acheta une étude d'avoué ; le second, Denis, resta avocat, mais ne plaida pas beaucoup. Il s'adonna entièrement à la propagande républicaine socialiste. Pierre Leroux, qui était venu fonder à Boussac, (Creuse), une sorte de Port-Royal socialiste, dont l'histoire, nous l'espérons, sera faite quelque jour, Pierre Leroux, disons-nous, avait un grand nombre d'amis et de disciples en Limousin, et il n'en avait pas de plus dévoués ni de plus enthousiastes que les Dussoubs.

En philosophie, Pierre Leroux était spiritualiste ; mais son spiritualisme panthéiste touchait de fort près à l'incrédulité, et nous ne doutons pas que si Denis eût vécu, l'évolution qui s'est faite chez plusieurs de ses amis ne se fût faite aussi chez lui, dans le sens de l'athéisme. Le pauvre Pierre Leroux était destiné à voir ses disciples eux-mêmes, ses fils, comme il les appelait, se tourner contre la partie religieuse de sa doctrine. Nous l'avons entendu plus tard nous dire à nous-même, avec une profonde douleur : *Ah! mes fils sont contre moi! mes fils sont contre moi!* Et cela était un peu vrai; mais cette évolution n'était pas accomplie a l'époque dont nous parlons, et les Dussoubs sont morts dans la foi à la doctrine de la *Renaissance dans l'humanité.* Belle doctrine d'ailleurs, si l'on pouvait y croire!

La doctrine religieuse de Pierre Leroux avait pour corollaire philosophique *la solidarité*, pour corollaire politique *la triade* et pour corollaire économique *le circulus*. Longtemps Pierre Leroux et ses amis ont cherché un nom qui pût résumer en un seul mot leur triple programme; ils ne l'ont pas trouvé, ce mot; car le titre de *communionisme* donné par eux quelquefois à l'ensemble de leur système n'a pas fait fortune. Il n'a jamais été accepté par le monde, qui a persisté, sagement, je crois, à ne voir dans le système de Leroux qu'une variété du *communisme* : un communisme plus scientifique et littéraire que celui de Cabet.

Quoi qu'il en soit, c'est ce communisme-là que Dussoubs et leurs amis propageaient en Limousin, non dans des réunions publiques que la police ne permettait pas, mais dans des réunions nombreuses qui se tenaient, le soir, à l'ombre des grands châtaigniers, dans les bois voisins de Limoges.

Denis fut bien sur le point d'aller augmenter à Boussac le nombre des élus de Pierre Leroux ; il y alla même passer quelque temps ; mais l'attraction de cette société savante et amicale d'imprimeurs et agriculteurs socialistes fut efficacement combattue par un sentiment plus tendre encore, et Denis revint à Limoges, où il pouvait d'ailleurs faire plus de bien qu'il n'en eût fait en restant à Boussac.

Ce que demandaient, en définitive, les Dussoubs et leurs amis, ce qu'ils prêchaient ardemment et victorieusement, c'était l'avènement du socialisme pacifique ; et ils avaient à ce point converti la population de Limoges à leurs idées, qu'une voix, au banquet réformiste qui eut lieu le 2 janvier 1848, s'étant élevée pour demander *la Marseillaise*, Dussoubs-Gaston aîné s'élança à la tribune et y prononça les paroles suivantes :

« Non, non, mes amis, pas de sang, pas de guerre ; nous nous sommes réunis ici au nom de la fraternité, de la solidarité. Laissons à cette manifestation toute sa grandeur. Que la France entière, que tous les partis s'inclinent devant la démocratie religieuse et pacifique qui les appelle tous dans son sein.

« Oui, la *Marseillaise* est un hymne sublime, elle appartient à l'Histoire, ne renions pas nos pères ; mais ne réveillons pas des haines réconciliées dans la tombe. Aujourd'hui, *il n'y a plus de sang impur* ; que le sang de l'homme soit sacré aux yeux de son semblable, comme il l'est aux yeux de Dieu. Le passé est le passé ; ne remontons pas vers le passé, mais marchons vers l'avenir. Que nos chants ne soient plus des chants de vengeance et de destruction, mais des chants de paix et d'immortelles espérances. Oui, marchons vers l'avenir ; marchons-y tous de concert en nous serrant fraternellement la main. »

Ces paroles sont caractéristiques, et quand on songe que ces hommes qui faisaient tant de cas de la vie humaine étaient toujours prêts à exposer la leur pour rendre un service public ou privé, on ne peut s'étonner de la puissance de propagande qu'ils avaient et de l'influence énorme qu'ils étaient parvenus à exercer sur la démocratie limousine.

Au fond, tout pacifiques qu'ils fussent, ils étaient profondément révolutionnaires. Très actifs, très au courant de tout ce qui se faisait, en relations constantes avec les délégués de la presse de Paris, il ne se passait, il ne s'organisait rien qu'ils n'en fussent instruits, et n'y prissent part.

Plusieurs mois à l'avance, ils avaient pressenti, ils avaient annoncé la révolution comme prochaine, et, lorsque le 24 février arriva, l'élan du peuple de Limoges, ainsi travaillé et préparé, fut irrésistible. En un instant les rues, les places publiques furent couvertes d'ouvriers spontanément sortis de leurs ateliers. Bien avant que les courriers eussent pu apporter à Limoges la nouvelle de ce qui se passait à Paris, la République fut proclamée par Denis Dussoubs-Gaston et ses amis, aux applaudissements de la grande majorité de la population.

Où étaient alors les fiers défenseurs de l'ordre, les électeurs censitaires, les chefs de la magistrature, de l'armée, de la police ?

Ils n'en menaient pas large, comme on dit, et ce fut un malheur. S'ils avaient fait un peu d'opposition, le drapeau de la République eût trouvé un terrain ferme où s'implanter et serait resté debout. Il ne trouva que l'acquiescence universelle, le terrain mobile des fausses conversions, et il tomba dans cette boue immonde.

La fermeté, la conscience claire du but à atteindre manqua d'ailleurs complètement au Gouvernement provisoire. Ses choix furent déplorables. En moins de deux mois, le département de la Haute-Vienne vit passer à la préfecture de Limoges, au moins une demi-douzaine de commissaires dont pas un ne fut à la hauteur de sa tâche. Pourquoi d'ailleurs envoyer des commissaires à Limoges et ne pas laisser à la tête de l'administration le comité sorti du choix spontané de la population ? L'accord entre la démocratie limousine et la démocratie parisienne était complet. Il eut donc fallu avoir confiance et laisser la révolution se faire à Limoges comme elle se faisait, spontanément, républicainement. Au lieu de cela, on envoya pour républicaniser le Limousin des commissaires qui, eux-mêmes, avaient grand besoin d'être républicanisés.

Rien de plus curieux, sous ce rapport, que la réception du citoyen Genty, délégué du club des clubs de Paris, à la *Société populaire* qui venait de s'organiser à Limoges. L'adhésion de la *Société populaire* à la déclaration des Droits de l'homme de Maximilien Robespierre était la condition posée à l'affiliation au club des clubs. Les orateurs de la *Société populaire* répondirent poliment, mais un peu ironiquement au citoyen Genty que l'on n'en était plus là ; que les idées avaient fait des progrès considérables et que les socialistes modernes, quel que fut leur respect pour les hommes et les actes de notre première révolution, ne pouvaient accepter la déclaration des Droits elle-même, que sous bénéfice d'inventaire. Qui fut bien étonné, ce fut le citoyen Genty, qui ne s'attendait pas à celle-là.

Il tourna trois fois sur lui-même à la tribune, et déclara qu'il ne s'était, en venant à Limoges, attendu a rien de si beau.

Nous n'en dirons pas davantage. Il faut que nous nous hâtions vers la fin de ce récit.

De la fin de février à la fin d'avril, Limoges, en réalité, s'administra communalement et toute y marcha plus ou moins bien, selon que les commissaires successifs s'entendirent plus ou

moins bien avec la *Société populaire* et ses délégués, presque tous membres du Comité de février.

Cependant les commissaires ne purent ou ne crurent pas devoir subir jusqu'à la fin ce qu'ils regardaient comme la tyrannie de a *Société populaire* et qui n'était vraiment que la volonté de la population de Limoges. Les dissentiments allèrent donc s'accentuant et s'aggravant jusqu'au jour où il ne fut plus possible de es empêcher d'éclater. Ce jour fut le 27 avril. Mais il faut que nous remontions un peu plus haut pour bien comprendre l'état moral et politique de la ville de Limoges en 1848.

---

## CHAPITRE VI.

### La Garde Nationale à Limoges.

### Le Procès de Poitiers.

Bien longtemps après les événements que je vais retracer, me tombait sous les yeux la phrase suivante dont la vérité est, pour moi, incontestable :

« La généralité de Limoges a toujours été accusée plus qu'aucune autre de la violence des gentilshommes, mains-fortes et coqs de paroisse. » (*Correspondance de Colbert*, t. II, p. 160.)

Ce qu'étaient ces mains-fortes et coqs de paroisse au temps de Colbert, je ne le sais point exactement ; mais ce qu'ils étaient de notre temps, je ne le sais, hélas! que trop.

Ils étaient, d'abord et avant tout, d'obstinés et persévérant ennemis de l'égalité ; et s'il était une sorte d'égalité qu'ils eussent particulièrement en horreur, c'était *l'égalité de l'armement*. Cela venait de ce que, mauvais maîtres, ils avaient peur de leurs ouvriers.

Cupides et débauchés, en même temps qu'avares, ils se livraient à une exploitation de la classe ouvrière qu'ils aggravaient au-delà de toute expression, par leur conduite envers les femmes et les jeunes filles.

Je ne suis, en parlant ainsi, que l'écho de ce que j'ai personnellement entendu raconter, par les héros de ces ignobles aventures, dans les cercles de la bourgeoisie limousine. Oui, j'ai entendu des messieurs, des patrons, raconter le soir, tranquillement, en riant, que lorsqu'il arrivait à une ouvrière de casser ou de gâter quelque chose dans la fabrique, si elle était jolie, on la faisait venir dans son cabinet, et, après l'avoir grondée jusqu'à la faire pleurer, on lui faisait grâce de l'amende, mais non sans l'avoir poussée, toute pleurante, dans un arrière cabinet et avoir assouvi sur elle sa soif de luxure. La plupart des ouvrières étaient au courant de ces habitudes et acceptaient cette sorte d'indemnité à payer de leur propre personne. Mais il y en avait parmi elle que ce traitement révoltait, et qui, récalcitrantes, ne voulaient pas servir de jouet et refusaient de venir se soumettre aux caprices du maître. Jugez de ce que pouvait être l'existence de ces malheureuses ayant à lutter contre des hommes, desquels dépendait leur pain de chaque jour!

On voit que Colbert ne disait rien de trop, en parlant de la violence de ces coqs de paroisse et qu'il aurait pu aller plus loin dans ses reproches.

Autant la population bourgeoise, à Limoges, était aristocrate et exclusive, autant la population ouvrière y était, et y est encore, dévouée à l'égalité et a la République. Mais, pour les ouvriers comme pour les patrons, le signe et la condition de l'égalité, est l'égalité de l'armement, et, de là, la plupart des dissensions qui ont sévi dans cette cité industrielle.

Ce ne fut pas pour la première fois que le 27 avril 1848, cette question se posa à Limoges. Depuis longtemps elle y était posée, et nulle part elle n'avait autant passionné la population et n'avait revêtu un caractère aussi irritant.

Un an auparavant, au mois de juin 1847, quelques officiers de la garde nationale avaient eu l'idée d'adresser au ministre de l'Intérieur, une pétition pour obtenir que la loi de 1837 fût appliquée a la garde nationale de Limoges. Cette pétition contenait des phrases terriblement imprudentes On y lisait :

« A Limoges, où l'on compte dans les casernes un régiment de cavalerie et une compagnie de sous-officiers vétérans; *dans la maison centrale, onze cents condamnés, et dans les ateliers et fabriques, trois mille ouvriers*, il ne faut pas seulement à la garde nationale un commandement aimé des inférieurs et facile aux chefs, une discipline combinée de manière à satisfaire aux exigences du service et aux légitimes égards dûs à l'élite des habitants, il faut aussi qu'elle inspire de la considération aux troupes de la garnison, qu'elle ait une force morale résultant plutôt de *la discipline et de l'instruction que du nombre, et une composition homogène dans son ensemble.*

« *La bonne composition des bataillons permettra de distribuer autant de fusils qu'il y aura de citoyens inscrits sur les contrôles, puisqu'on ne pourra douter ni de leur attachement à nos institutions, ni de leur dévouement à les défendre*. Le nombre des habitants portés sur les contrôles de la garde nationale s'élève à 1,500. *Serait-il raisonnable, serait-il prudent de les armer tous? Evidemment, non. L'Egalité dans l'armement est un danger, elle deviendrait, quelques précautions qu'on prit, une cause active d'inquiétudes et peut-être de désordres.* Cependant, si l'état actuel des choses se prolonge, *à quel signe certain reconnaitre qu'il faut donner un fusil à tel citoyen, qu'il faut en refuser à tel autre?*

« *Les habitants d'une même cité ne sont pas, ne peuvent pas être également créanciers du fonds commun, et la commune ne doit pas s'acquitter envers eux indistinctement au même taux et de la même manière.* Car veiller à la conservation de l'ordre public et de la liberté est à la fois un service d'honneur remis aux mains des plus dignes, et *un impôt en nature payé par les plus riches.* Ainsi le veut la loi des lois, la loi de la nécessité. Dans la garde nationale, le service du pays ne s'escompte pas en argent ; et voilà, ce nous semble, d'après quel esprit a été conçue et votée la loi du 14 juillet 1837.

« Puisque le garde national a le droit de descendre en armes dans la rue, il en résulte pour lui l'obligation inévitable d'y paraître vêtu d'une manière distincte, légalement prescrite et reconnaissable de tous ; à des moments déterminés, il est investi de la force et de l'*irresponsabilité du soldat* ; il faut donc qu'il en porte l'habit pour être logiquement dans le vrai, autrement il serait un contre-sens dangereux, et son voisin pourrait lui crier avec raison ; Tu es un séditieux armé et un malfaiteur !

« D'après ces considérations, que les soussignés soumettent respectueusement à l'appréciation de Votre Excellence, M. le Ministre, le gouvernement décidera sans doute qu'il est urgent d'appliquer en partie à la garde nationale de Limoges les articles 1, 2, 19, 20, 21, 22, 23 et 24 de la loi du 14 juillet 1837, relatifs · 1° à l'inscription des citoyens sur les registres matricules et les contrôles des compagnies ; 2° à l'ordre du service ordinaire ; 3° à la discipline qui rend l'uniforme et l'équipement obligatoires pour tout garde national qui n'en est pas régulièrement dispensé. »

Cette pétition était, on le voit, une véritable excitation à la guerre civile. C'était la *philosophie de l'armement* de M. Renau devancée d'un quart de siècle. Mais les auteurs de cette philosophie ne voulaient pas se contenter de l'avoir écrite ; ils voulaient la mettre en pratique chez eux et autour d'eux ; et, dans ce but, ils décidèrent d'envoyer des copies autographiées de cette pétition dans toutes les villes qui avaient à peu près l'importance de Limoges. Ce fut cette demangeaison de publicité qui perdit les pétitionnaires. Une de leurs copies autographiées tomba dans des mains hostiles, et la pétition reçut une publicité qui provoqua contre ses auteurs un *tolle* général. Un jeune homme, d'un esprit très mordant, M. Eugène Descoutures, dont le père était alors conseiller à la Cour d'appel de Limoges, et qui est lui-même aujourd'hui conseiller à la Cour de Paris, commenta la pétition, souligna avec art les passages compromettants, fit ressortir avec une habileté incisive les provocations qu'elle contenait, enfin, mit moralement au pilori ses auteurs.

Le succès de M. Descoutures fut immense, et il faut d'ailleurs reconnaître que peu de succès furent mieux mérités. La population tout entière s'émut. Les ouvriers firent des ovations à

M. Descoutures, pendant que le colonel et les chefs de bataillon de la garde nationale qui avaient signé, disaient-ils, sans lire, donnaient leur démission. Ils voulurent protester contre les intentions qu'on leur supposait. Le journal de la Préfecture, lui-même, l'*Ordre*, leur refusa l'hospitalité de ses colonnes. Enfin, il ne se trouva personne pour défendre et même reconnaître cette pétition infortunée, qui, il faut cependant bien le dire, dévoilait un état de choses vrai, l'état d'hostilité et de lutte sourde entre la bourgeoisie et le prolétariat de Limoges, et était au fond méchante, mais logique.

A partir de ce jour, l'*égalité dans l'armement* affirmée comme un danger par la bourgeoisie, fut affirmée comme une nécessité et *comme un droit inéluctable* par le prolétariat. Le 27 avril 1848 ut le corollaire de ce théorème.

Voici comment ce mouvement populaire se produisit :

Une des premières demandes des ouvriers de Limoges, après le 24 février, fut la réorganisation de la garde nationale. Des armes à tous et des chefs élus : tels étaient les deux points auxquels la bourgeoisie se mit à faire toutes sortes d'objections, aussitôt qu'elle commença à se remettre de la peur bleue que lui avait fait éprouver la révolution du 24 février.

Pour les élections des chefs de la garde nationale, il n'y eut pas de difficultés. Avant même qu'aucun commissaire fût arrivé de Paris, le Comité qui avait pris spontanement la direction des affaires résolut de faire proceder immédiatement aux élections.

Le résultat de ces élections fut l'élimination presque complète des officiers appartenant à la bourgeoisie : grande joie pour les ouvriers, dépit profond pour ceux que Colbert appelait si bien « gentilshommes, mains-fortes et coqs de village, » et dont il rappelle, dans ses lettres, la réputation de violence.

Quant à l'autre vœu du peuple de Limoges, *des armes à tous*, il était materiellement impossible d'y faire droit immédiatement ; mais les commissaires du gouvernement auraient pu, assurément, faire laisser dans les postes assez d'armes pour qu'il y en eût chaque jour pour tous les gardes nationaux de service ; or, c'est ce qu'ils ne firent pas, bien que les plus pressantes représentations leur fussent faites à ce sujet. La division intestine sur ce point ne fit donc que s'accroître, et elle fut considérablement envenimée par ce fait que l'autorité ne fit pas reconnaître les officiers nouvellement élus. On peut donc dire à bon droit que l'origine du désordre vint, comme toujours, de l'autorité elle-même.

Il arriva donc que, durant ces mois si terriblement agités de mars et d'avril 1848, la seule garde nationale qu'il y eût à Limoges, fut celle du temps de Louis-Philippe, celle pour qui et par les chefs de qui avait été écrite la pétition que nous avons mentionnée plus haut. Et non-seulement les bourgeois étaient seuls armés, mais ils ne se cachaient pas pour faire affiler leurs sabres, fondre des balles, fabriquer des cartouches et tenir un langage qui était une provocation ouverte à la guerre civile. Les gens sages estimaient ces fanfaronnades à leur juste valeur, et cependant, instruits de l'agitation et de la colère qu'elles produisaient chez les ouvriers, ils y voyaient une source de dangers sérieux.

Le mal ne fit que croître du commencement de mars à la fin d'avril. Vainement la société populaire, qui comprenait environ 5,000 membres, (toute la population républicaine de Limoges) fit démarches sur démarches auprès du commissaire du gouvernement et envoya un délégué (le citoyen Bulot, son président) à Paris, pour obtenir du gouvernement l'envoi de 3,000 fusils; commissaire et gouvernement promirent, mais ne firent rien; de sorte que, lorsque les élections pour la constituante arrivèrent, c'était encore, c'était toujours, la garde nationale de Louis-Philippe qui était chargée du maintien de l'ordre et de la protection du scrutin. Toute la population de Limoges était républicaine, moins 1200 ou 1500 bourgeois, dont la réunion avait pris le titre mensonger de *Club des Travailleurs*. C'est ce club bourgeois dont commissaires et gouvernement faisaient la volonté. Nous avions déjà à Limoges, en 1848, ce que Thiers a appelé plus tard *la République sans républicains.*

Cette Republique là ne plaisait pas aux ouvriers, et, le 27 avril, ceux ci, mis en colère par le résultat du scrutin qui ne donnait pas la majorité à tous les candidats de la Société populaire, envahirent la salle où se faisait le dépouillement, déchirèrent quelques procès-verbaux de l'armée, puis se repandirent dans la ville, et, à coups de pied, à coups de poing, désarmèrent la garde nationale bourgeoise dont la plupart des fusils se trouvèrent chargés, comme on le soupçonnait.

Le peuple déchargea en l'air ces fusils, et ce fut cette fusillage innocente qui fit croire, dans les environs, qu'on s'écharpait à Limoges. Des empressés, sans venir aux renseignements, télégraphièrent à Paris que Limoges était à feu et à sang, et ces fausses nouvelles ayant été confirmées à Paris par les députés reactionnaires qui étaient partis à la hâte, notamment M. Tixier, personnage qui est resté très inconnu quoiqu'il ait été député, et le fameux Brunet, en qui Paris a commis l'énorme faute d'avoir confiance en 1871, l'ordre de diriger des troupes sur Limoges, et de faire leur procès aux auteurs d'un prétendu complot, fut obtenu du gouvernement.

Toutefois l'on n'osa pas immédiatement faire entrer les troupes à Limoges. Ce ne fut qu'après le 15 mai que la réaction, maîtresse à Paris, donna l'ordre d'en finir avec les républicains socialistes de la province.

Un grand procès fut monté, et, comme l'un des accusés était alors avocat général à la Cour d'appel de Limoges, il fallut que le procès fût jugé devant une autre cour, celle de Poitiers.

Denis et Marcelin Dussoubs étaient aussi parmi les accusés. Nos amis furent donc ramenés, pour y être jugés, dans cette ville de Poitiers où, dès 1842, ils avaient annoncé la fin prochaine de la monarchie et l'avènement de la République. Ils y furent l'objet des plus vives sympathies ; mais la loi sur le jury n'était guère meilleure alors qu'aujourd'hui, et le jury put être composé de manière que le parquet fût sûr d'une condamnation. Seize accusés sur trente-huit furent condamnés à divers termes d'emprisonnement. Marcelin Dussoubs fut acquitté ; Denis condamné à deux ans de prison et six mois de contrainte par corps pour les frais énormes de ce procès.

En même temps que le procès de Poitiers avait lieu celui de Bourges qui absorba l'attention publique à un tel point que la tentative communaliste de Limoges passa à peu près inaperçue. Une autre fois nous pourrons peut-être la raconter ; mais ici elle allongerait trop la biographie de Dussoubs.

Ce qu'il faut noter cependant c'est que, dès lors, commençait à s'établir cette politique opportuniste qui consiste à offrir les vrais républicains en holocauste à la réaction. Denis Dussoubs était de ceux qui méritaient le plus d'être sacrifiés.

Un détail encore et des plus touchants va montrer à quel point il méritait de l'être.

Tout le monde se rappelle le triste hiver de 1847 et la famine qui fut le résultat de la mauvaise récolte précédente et de la hausse meurtrière des prix de transport du blé par la compagnie Paris-Lyon-Méditerranée Les malheureux paysans de Buzançais se soulevèrent et dans cette échauffourée un homme fut tué. Le gouvernement qui ne pouvait pas ignorer les causes de la cherté artificielle des grains, aurait dû venir en aide à ces malheureux. Il les poursuivit et le sang de plusieurs d'entre eux fut versé sur l'échafaud, dernière raison de cette justice que la France a commencé depuis longtemps à avoir en horreur. Beaucoup d'autres furent condamnés à divers termes d'emprisonnement. Ils étaient à la maison centrale de Limoges en Février 1848.

Aussitôt la Révolution du 24 février accomplie, un cri s'éleva de toutes parts. Il faut délivrer les Buzançais. Tous les membres du comité directeur de Limoges abondèrent dans ce sens généreux de mettre les Buzançais en liberté. Mais, pour ne pas avoir seulement l'air de faire du séparatisme avec le Gouvernement provisoire, ils télégraphièrent a Paris pour donner avis de leur résolution, et, en attendant la réponse, ils transférèrent les Buzançais de la maison centrale à la prison de ville, où ceux-ci jouirent de tout le confortable possible et de toute liberté de voir leurs parents et leurs amis.

Comment raconter cette fête émouvante ! Les délégués du comité se rendirent accompagnés d'une foule considérable à la maison centrale, dirent au Buzançais qu'ils venaient, au nom de la population de Limoges, les délivrer ; qu'ils allaient veiller à leur transfert à la prison de ville ; mais que ce transfert se ferait sans gardes, sans force armée d'aucune espèce, le comité leur demandant tout simplement de ne pas chercher à s'échapper avant l'heure fixée pour leur libération.

Les pauvres Buzançais furent étourdis de ce bonheur. Ils se mirent à faire leurs petits paquets, et de temps à autre ces pauvres gens tombaient à genoux sur leur hardes en levant les mains et s'écriant : « Ah la bonne République ! la bonne République ! » Qui a été témoin de pareilles scènes, ne saurait les oublier. On est habituellement confirmé dans ses opinions par les persécutions, mais combien davantage par la participation à de tels actes de fraternité populaire. La parole est impuissante à rendre compte de tels sentiments.

Je n'ai pas, quelque intéressant que cela pût être, le loisir de raconter ici les prisons de Denis Dussoubs. Je me bornerai à dire qu'après avoir passé quelque temps à la prison de ville de Poitiers, les condamnés de Limoges furent envoyés à Fontevrault, où ils trouvèrent des condamnés de Paris (journées de juin), avec lesquels ils furent un peu plus tard dirigés sur Belle-Ile, où ils se trouvèrent avec un grand nombre de condamnés de toute date et de toute localité, mais surtout des Parisiens, des Lyonnais et des Marseillais. Là ils firent connaissance avec ces éternels condamnés Barbès et Blanqui, avec ceux du 13 juin 1849, Gambon, Maigne, Daniel Lamazière, leur compatriote, député de la Haute-Vienne, le citoyen Langlois, qui était alors un peu plus révolutionnaire et moins colonel qu'aujourd'hui, etc., etc. Il ne m'est pas possible de les nommer tous.

Deux ans après, c'était vers le milieu de l'année 1851, nos Limousins sortirent de prison et revinrent à Limoges où ils s'occupèrent aussitôt de fonder un journal dont la rédaction en chef me fut donnée, mais a la direction duquel, Denis Dussoubs et Bulot prirent une part active.

Cette création de journal parut aux autorités la chose la plus dangereuse du monde, et, comme la cour de Poitiers, en ajoutant à notre condamnation à 2 ans de prison celle de 6 mois de contrainte par corps en cas de non paiement des frais, avait forgé une arme dont l'autorité pouvait en tout temps se servir, les fondateurs du nouveau journal furent sommés de payer les frais du procès de Poitiers (plus de 30,000fr). ou de retourner en prison pendant six mois.

Ils sortaient d'en prendre, et ils pensèrent qu'il valait mieux voyager et attendre en voyageant les élections de 1852, qui, espéraient-ils, changeraient la face des choses.

Mais ce qui arriva, ce ne furent pas les libres élections de 1852 ; ce fut l'infâme coup du 2 décembre 1851.

A cette date se place un fait qui peut donner une idée de ce qu'était la modestie de ce grand cœur, Denis Dussoubs. Elle était chez lui exagérée, car elle alia, cette année 1851, jusqu'au refus de laisser faire son portrait par notre ami Collard. Celui-ci, qui faisait alors une série de républicains des départements du centre, fut obligé de menacer Denis d'une brouille définitive.

« Si tu ne viens pas demain chez moi poser pour ton portrait, »
lui dit Collard, « je quitterai Limoges sans te dire adieu. » —
« Tu ne ferais pas cela, dit Denis. » — « Je te prie de ne pas me
forcer à t'en donner la preuve. »

Le lendemain Denis alla chez Collard comme un homme qui va
à l'exécution. « Eh bien, tu viens donc, lui dit celui-ci, je t'en
remercie. » — « Il le fallait bien, puisque tu serais parti fâché,
mais c'est du joli ce que tu me fais faire : tu peux t'en vanter. »

Et ce fut dans ces dispositions, qu'il fut *daguérréotypé* par
notre ami.

Un homme pareil eut été capable de refuser qu'on lui élevât le
modeste monument que le patriotisme et l'amitié jugent bon de
consacrer à sa mémoire.

## CHAPITRE VIII

### Le Sacrifice.

Tous ceux qui ont raconté l'attentat du 2 décembre 1851 ont
reconnu que la mort de Denis Dussoubs-Gaston, avait été un sacrifice héroïque, absolument volontaire, prémédité, cherché, ac
compli avec une force de volonté et une résolution persistante
comme il s'en est vu peu de pareilles. Cette version est absolument
exacte et nous pouvons la corroborer par de nouvelles preuves
dont l'évidence ne laisse rien à désirer.

Lorsque Denis quitta Limoges, pour ne pas retourner en prison,
il se dirigea sur Paris en passant par Poitiers, où il voulait serrer
une dernière fois la main a notre ami Collard qui habitait alors
cette ville.

Collard était à dîner avec sa famille lorsqu'un garçon de l'hôtel
de France vint lui dire que le citoyen Dussoubs, représentant du
peuple, était à l'hôtel et désirait lui parler. Collard se hâta de se
rendre à l'appel de Dussoubs. Les bruits de dissolution de l'Assemblée, qui couraient déjà, lui vinrent à l'esprit, et il se dit
que cette assemblée, qui était arrivée au dernier degré de l'impo-
pularité, était probablement dissoute, et que Marcelin Dussoubs
retournait à Limoges. Il fut très étonné lorsque, au lieu de Marcelin, il reconnut Denis, et ne put s'empêcher de lui exprimer sa
surprise.

— « Oh ! dit Dussoubs, je voyage sous le nom de mon frère pour
dépister ceux qui nous poursuivent. Ils veulent nous faire quitter
le Limousin, où ils redoutent notre influence, et ils ont trouvé
le bon moyen ; car aucun de nous ne peut ni ne veut payer les
frais énormes du procès qui nous a été fait en 1848.

— « Mais, mon pauvre ami, lui dit Collard, où vas-tu ?

— « Puisqu'il n'a pas suffi de tout le dévouement que nous
avons montré, de tous les sacrifices que nous avons faits, mes

amis et moi, pour démocratiser les masses, je vais à Paris serrer
la main à mon frère et a quelques autres amis que j'ai là-bas,
comme je suis venu ici serrer la tienne; puis, comme bientôt il
va se produire un évènement considérable dont j'ignore le résultat, mais qui, bien certainement, commencera par un mouvement
insurrectionnel, je marcherai avec les défenseurs de la loi et de
la République, et si, pour comble de malheur, le criminel qui est
au pouvoir a le dessus et que nous soyons abandonnés par ceux
à qui nous avons consacré toute notre existence, hé bien, mon
pauvre ami, *je me ferai tuer sur la dernière barricade*, et j'ai
l'espoir que ma mort servira d'exemple et de leçon pour l'avenir. »

Cette préoccupation de sa fin prochaine, cette résolution de
mourir pour la République était chez lui tellement arrêtée qu'il
ne voulait pas même attendre jusqu'au 4 décembre, et que, le 3
au soir, l'ami qui l'accompagnait au faubourg Saint-Antoine où
ils avaient un rendez-vous, eut toutes les peines du monde à
l'empêcher de se faire écraser par les troupes de cavalerie qui
exécutaient des charges sur les boulevards. Ce ne fut que sur
cette représentation que sa mort accomplie ainsi ne servirait absolument a rien, qu'elle ne serait considérée ni comme une leçon
ni comme un enseignement, pas même comme un sacrifice généreux, mais comme un simple accident, qu'il consentit enfin à
prendre des rues latérales aux boulevards. Le lendemain, il fut
des premiers à la prise de la Mairie du Ve arrondissement, et, le
soir de ce jour néfaste, il trouva enfin l'occasion cherchée de son
héroïque et volontaire sacrifice.

Bien des historiens ont raconté la lutte homérique de cette
poignée d'hommes contre l'armée soudoyée, corrompue du 2 décembre. Que ceux qui veulent la grandeur épique prennent le
sublime récit de Hugo; ceux qui se contentent de la brièveté
et de la sévérité républicaine, le récit de Schœlcher.

Nous choisissons le récit publié par les auteurs du *Dictionnaire
de la Révolution française*, parce qu'il est le plus simple et parce
qu'il porte visiblement l'empreinte du contrôle des récits officiels.

Il y a un point, dans tous ces récits, sur lequel tous sont d'accord, c'est l'incomparable héroïsme de Denis Dussoubs-Gaston.
Ce généreux et beau jeune homme (car Denis était très beau, ce
qui ne gâte rien à l'héroïsme) trouva le moyen de mourir à la
fois pour la patrie, pour la loi, pour la République et pour l'amitié fraternelle; je pourrais ajouter pour la philosophie, car la
philosophie, par la voix de Pierre Leroux, le célébra et le pleura
comme un fils, et sur le monument national que la patrie lui
élèvera un jour, ce n'est pas un génie, mais tous les génies que
le sculpteur devra représenter, non pleurant, mais chantant sur
sa tombe la gloire de ceux qui savent courir au devant du plus
beau des trépas.

## Journée du 4 décembre 1851

### Extrait du récit publié par les auteurs du
### Dictionnaire de la Révolution française.

« Avant l'action, les soldats, suivant les recommandations de M. de Morny, avaient été parfaitement traités (lisez enivrés). Les bidons étaient garnis. A midi toutes les dispositions de combat étaient prises.

« Le mouvement des troupes commença un peu avant deux heures.

« La division Carrelet déboucha de la Madeleine ; la brigade du général de Bourgon, qui marchait en tête, devait prendre position entre les portes Saint-Denis et Saint-Martin ; les brigades des généraux de Cotte et Canrobert se massèrent sur le boulevard des Italiens. Plusieurs batteries de canons et d'obusiers appuyaient ces colonnes. Le général Reybell formait l'arrière-garde avec deux régiments de lanciers. La brigade du général Dulac, qui faisait également partie de cette division, prit position près la pointe Saint-Eustache ; elle avait avec elle une batterie d'artillerie.

« La division Levasseur qui devait opérer du côté des quais, comprenait la brigade Marulaz, venue de la place de la Bastille ; la brigade Courtigis, accourue de Vincennes, et la brigade Herbillon qui occupait déjà l'Hôtel-de-Ville. Cette division devait attaquer d'abord l'entrée des rues du Temple, Saint-Martin et Saint-Denis ; la brigade Courtigis dût, avant de prendre position, converser les barricades qui commençaient déjà à s'élever dans le faubourg Saint-Antoine.

« La division du général Renault était disséminée sur la rive gauche ; elle occupait l'Odéon, le Panthéon, le Luxembourg, la place Saint-Sulpice et la place Maubert, de manière à maintenir les communications entre le faubourg Saint-Germain et le faubourg Saint-Marceau.

« La Préfecture de police et le Palais de Justice étaient confiés à la garde des troupes municipales.

« Enfin, une division de grosse cavalerie, aux ordres du général Korte, stationnait aux Champs-Elysées.

« Comme on le voit, les divisions Carrelet et Levasseur devaient opérer, en partant, l'une de la ligne des boulevards, et l'autre des quais, contre le centre de Paris un mouvement convergent, de manière à étreindre les républicains comme dans un étau. Ces masses réunies, comprenant plus de 30,000 hommes, devaient infailliblement broyer tous les obstacles, sans avoir à craindre que l'insurrection (?) écrasée sur un point fût en état de se reformer derrière elles.

« Cependant, il n'est pas douteux que si les républicains avaient tenu jusqu'à la nuit, la troupe, découragée par cette résistance, n'eût plus été en état de renouveler l'attaque avec la même vigueur. D'un autre côté, il suffisait aux républicains de tenir ainsi contre la principale armée qui les assaillait pour donner le temps à l'insurrection de s'étendre sur les points extrêmes de la capitale, et puiser un nouveau courage dans le succès même de sa résistance, et d'arriver à jeter l'armée, enfermée ainsi dans un cercle de barricades, dans une complète démoralisation.

« Les combattants républicains étaient-ils assez forts, assez bien armés et surtout assez nombreux (et disciplines) (?) pour prolonger ainsi la défense ? c'était la la condition du succès.

« Deux cents hommes à peine défendaient la porte Saint-Denis ; un pareil nombre occupait les rues voisines jusqu'au conservatoire des Arts-et-Métiers ; deux cent cinquante se tenaient dans le faubourg Saint-Martin ; les barricades des rues transversales étaient gardées par des rassemblements de dix à vingt hommes armés. Les républicains avaient à peine 1,500 fusils à opposer aux 15,000 baïonnettes et a l'artillerie de la division Carrelet. A l'autre extrémité, entre la pointe saint-Eustache et le quartier de l'Hôtel-deVille, il n'y avait guère plus de 500 combattants, qui devaient tenir tête aux trois brigades de la division Levasseur; la barricade de la rue Rambuteau était seule en état d'opposer une énergique résistance sur ce point.

« Parmi les citoyens dont l'attitude heroique force l'admiration même de ceux qui eurent a les combattre, nous citerons Gaston Dussoabs, frère du représentant de ce nom, qui devait trouver la mort à la fin de la lutte, Luneau, ancien lieutenant de la garde republicaine, qui parut sur les barricades revêtu de son uniforme, Laurennes, ancien sous-officier d'artillerie, Favrel, Bourdon, Longepied, etc.

» Des étudiants, des journalistes, des jeunes gens appartenant au commerce parisien; combattaient la a côté des artisans.

« Il avait semblé peu probable, fait observer M. Granier de Cassagnac, que le *communisme* dût attendre une telle diversion.

« Cet écrivain ajoute encore ailleurs : « Quand on a relevé les cadavres des émeutiers, qu'a-t-on trouvé en majorite ? *des malfaiteurs et des gants jaunes !* »

« La liste des morts, publiee par les soins de la préfecture de police, nous montre en effet des négociants, des propriétaires, des avocats, mêlés aux proletaires et tombes ensemble dans cette grande lutte.

» A deux heures de l'après-midi, toutes les troupes s'avancèrent à la fois, la brigade Bourgon en tête. Les rassemblements s'ouvraient devant la troupe et refluaient sur les trottoirs ou dans les rues transversales, assaillant la troupe des cris de *vive la République ! vive la Constitution! à bas les Prétoriens !*

» La brigade Bourgon fut arrêtée un instant par la barricade élevée près du Gymnase, et qui n'était formée que de quelques voitures renversées. L'artillerie répondit à la fusillade des républicains ; mais comme il n'y avait là qu'une vingtaine de citoyens, les 83e et 88e de ligne lancés à la baïonnette contre cet obstacle, eurent bientôt dispersé les combattants. Elles arrivèrent bientôt, fusillant de droite et de gauche, jusqu'à la hauteur de la rue Saint-Denis.

» La brigade de Cotte, qui suivait la brigade Bourgon, laissa celle-ci s'engager jusqu'à l'entrée de la rue du Temple, et s'arrêta elle-même devant la grande barricade de la rue Saint-Denis.

» Le 72e de ligne donna le premier ; refoulé par une vive fusillade, il se replia pour laisser donner l'artillerie. Pendant plus d'une heure, quatre pièces de canon envoyèrent sur les barricades plusieurs volées d'obus et de boulets qui ne ménagèrent pas toujours les maisons voisines. Quand la barricade parut entamée, le 72e chargea à la baïonnette. Les républicains attendirent que les assaillants fussent seulement à quelques pas pour décharger leurs armes. Un colonel, un lieutenant-colonel, trois officiers et une trentaine de soldats tombèrent morts ou blessés dans cette attaque. La retraite du 72e fut saluée d'une immense acclamation de *vive la République !* A ce moment, le général de Cotte eut un cheval tué sous lui. Ce combat avait coûté aux républicains des pertes sensibles, en raison de leur petit nombre. Cependant l'attaque ne fut pas renouvelée, et les républicains n'abandonnèrent leur position que deux heures plus tard, dans la crainte d'être pris entre deux feux.

» En effet, les barricades de la rue du Petit-Carreau et des rues adjacentes n'avaient pu tenir contre le 15e léger. Une trentaine de républicains avaient seuls résisté vigoureusement dans la rue des Jeûneurs.

» Le général Canrobert prit position avec sa brigade à la porte Saint-Martin. Le 5e bataillon de chasseurs à pied, sous les ordres du commandant Levassor-Sorval, enleva à la baïonnette les premières barricades qui étaient peu fortifiées. Un combat acharné s'engagea devant la barricade de la rue des Vinaigriers, qui était commandée par l'ancien lieutenant de la garde républicaine Luneau. Debout sur la barricade, l'épée d'une main et un pistolet dans l'autre, il ne craignait pas de s'exposer ainsi aux redoutables carabines des chasseurs de Vincennes, pendant qu'il donnait des ordres.

» L'obstacle ne fut emporté que quand la ligne eut tourné la barricade en s'engageant dans les rues voisines.

» Les chasseurs eurent vingt-deux hommes tués ou blessés dans cet engagement partiel ; la perte des républicains fut plus cruelle : un certain nombre furent fusillés dans la Mairie du Ve arrondissement, quoi qu'ils eussent jeté leurs armes.

» La brigade du général Bourgon, qui s'était engagée dans la rue du Temple, comme nous l'avons dit plus haut, contraignit, par un feu effroyable, les républicains peu nombreux qui défendaient ce point, à abandonner leur barricade. Le général Bourgon devait opérer sa jonction avec les colonnes de la brigade Herbillon, partie de l'Hôtel-de-Ville. Il n'y eut de résistance sérieuse que dans la rue Philipeaux. Vingt jeunes gens réussirent, pendant près de trois quarts d'heure, à arrêter les efforts d'un régiment de ligne, et essuyèrent, sans broncher, le feu violent d'une batterie d'artillerie. Si nous en croyons le *Constitutionnel*, le combat ne cessa que quand ils eurent tous succombé.

» La fameuse barricade de la rue Rambuteau fut attaquée par le général Dulac, qui, parti de la pointe Saint-Eustache, lança en avant trois bataillons du 51e de ligne, commandés par le colonel de Lourmel, un bataillon du 19e de ligne, un du 43e, et une batterie d'artillerie.

» La résistance fut terrible; pendant près d'une heure et demie, le canon et la fusillade tonnèrent sans discontinuer.

» Il y avait là, dit M. Belouino, parmi les insurgés, d'anciens satellites de Caussidière, faisant admirablement le coup de feu, mais il y avait aussi de pauvres jeunes gens inexpérimentés dans le métier des armes; l'un d'eux, enfant de quinze ans, ne savait comment épauler son fusil.

» M. Belouino nous apprend aussi qu'un jeune artiste d'avenir, qui jouait là sa vie à découvert, tomba frappé en pleine poitrine.

» La barricade fut enlevée à la baïonnette, lorsque l'artillerie n'en eut fait qu'un monceau de débris informes.

» A la suite de la prise de la barricade, la troupe campa sur ce point; les maisons des quatre angles des rues du Temple et Rambuteau furent occupées par une compagnie de grenadiers du 43e de ligne; à chaque croisée se tenait un soldat prêt à faire feu.

» M. Mauduit, l'historien militaire du 2 décembre, constate, dans son livre, que les figures des habitants du quartier étaient mornes.

» Quelques républicains, échappés à la mitraille, qui avait fait des quartiers situés entre le boulevard et les quais d'immenses fournaises, parvinrent à se rallier sur la place des Victoires, et à se barricader dans l'espace compris entre cette place, les rues du Mail, Pagevin et des Fossés-Montmartre. Le 19e de ligne, commandé par le colonel Cornant, se porta rapidement sur ce quartier, et en chassa les républicains, avant qu'ils n'eussent eu le temps d'élever des barricades capables de résister. Une tentative du même genre, qui fut tentée rue saint-Honoré et rue des Poulies, n'eut pas plus de succès.

» La partie était evidemment perdue pour les républicains, et les dernières barricades venaient d'être enlevées, quand une centaine d'hommes, qui venaient d'être informes de la fusillade qui venait d'avoir lieu sur les boulevards, se persuadèrent que la population de Paris, brûlant d'en tirer vengeance, se réunirait bientôt à eux, s'ils pouvaient tenir sur un seul point ; ils avaient juré d'ailleurs de mourir les armes à la main pour ne pas survivre à la ruine de la République.

» Ces derniers défenseurs de la République se concentrent dans la rue Montorgueil, relèvent en peu d'instant les barricades, et se préparent à une lutte suprême.

» M. Gaston Dussoubs, frère du représentant de la Haute-Vienne, est à leur tête; son frère, retenu au lit par une maladie qui menace sa vie, n'a pu le suivre ; mais Gaston Dussoubs lui a pris son écharpe, et c'est autour de ce signe de liberté que ses compagnons se rallient. Echappé à la fusillade du Faubourg Saint-Martin, il s'est porté sur le seul point où il avait encore espoir de trouver une mort héroïque.

» Le 51e de ligne, commandé par le colonel de Lourmel, envoie un bataillon contre les nouvelles barricades. Les premiers obstacles sont mal défendus, une poignée de républicains qui les couvraient sont obligés de fuir dans les maisons qui s'ouvrent pour les recevoir ; quelques-uns, moins heureux, sont passés par les armes.

» Un des insurgés, raconte Belouino, s'était réfugié dans un cabinet qui donnait sur les toits ; entendant monter un soldat, il passe par une lucarne et s'accroche au zinc, qui cède et se détache ; il tombe dans la rue où il se brise. »

» Après avoir fouillé le passage du Saumon, le 2e bataillon s'arrête devant la principale barricade, rue du Petit-Carreau. Gaston Dussoubs, debout sur la barricade, seul, *sans armes*, interpelle en ces termes, d'une voix qui retentit au loin, la troupe, qui n'est plus qu'à quelques pas de la barricade :

» Vous ne tirerez pas sur nous qui sommes des prolétaires comme vous. D'ailleurs, la constitution est violée !

» Malheureux soldats? dit-il ! Vous devez être désespérés de ce qu'on vous a fait faire ; venez à nous? »

L'accent désespéré qu'il y avait dans cette voix vibrante dût émouvoir le commandant et ses soldats.

» Retirez vous, » fit le commandant, après un instant d'hésitation.

Dussoubs veut encore haranguer les soldats et pousse un dernier cri de *Vive la République !*

» On rapporte que quelques soldats firent feu, sans attendre le commandement. Gaston Dussoubs tomba frappé de deux balles à la tête.

» Trois barricades furent franchies en un instant; mais à la quatrième, une horrible lutte s'engagea corps à corps. Le résultat ne pouvait en être douteux.

» C'est à ces barricades, dit encore M. Belouino, dernier refuge de l'insurrection, qu'on a trouvé, parmi les morts, le plus grand nombre d'hommes bien vêtus.

» L'un des républicains échappés à ce combat ne reçut pas moins de onze blessures. M. Voisin, conseiller général de la

Haute-Vienne, qui fut fusillé à bout portant et laissé pour mort, en reçut quinze, et fut néanmoins sauvé par une bonne femme qui alla le chercher parmi les morts. A peine convalescent, ce citoyen fut tiré de l'hospice Dubois pour être enfermé au fort d'Ivry, et plus tard déporté en Afrique. »

---

Pour terminer cette courte biographie, nous devons rectifier deux points sur lesquels les écrivains ont été absolument induits en erreur. On a représenté Denis Dussoubs comme un combattant armé, et comme ayant été tué de face par les soldats au moment où il terminait son allocution par le cri de *Vive la République!* Denis Dussoubs n'était pas armé et il a été tué par derrière, assassiné, au moment où ayant repoussé l'offre du chef qui voulait le faire échapper et des soldats prêts à ouvrir leurs rangs pour le laisser passer, il retournait vers la barricade, en criant, en effet, pour toute réponse à l'offre insultante qui venait de lui être faite. *Vive la République!*

Denis Dussoubs avait fait quelque temps auparavant, une chute de voiture dans laquelle il s'était foulé le bras droit. Il ne pouvait donc tenir une arme aussi lourde qu'un fusil, mais la véritable cause pour laquelle il n'était pas armé, c'est qu'il n'avait pas besoin de l'être, qu'il ne voulait pas l'être.

Il voulait parler aux soldats, tâcher de les convaincre et de les entraîner, il ne voulait nullement leur tirer dessus. Il était résolu à être la victime, et non à faire des victimes. C'est son frère, le frère pour lequel il mourait, qui, au banquet de janvier 1848, à Limoges, avait *prononcé*, en réponse à ceux qui demandaient la Marseillaise, les paroles qui résument la doctrine pacifique de Pierre Leroux et que nous avons citées plus haut.

Il est de notre devoir, bien que nous repoussions aujourd'hui toute alliance de notre socialisme scientifique avec une doctrine religieuse quelconque, de constater que Denis mourut comme disciple du socialisme pacifique et religieux de Pierre Leroux. Pierre Leroux seul pouvait revendiquer comme lui appartenant cette grande et noble victime de nos guerres civiles, la plus pure peut-être des temps modernes.

ALFRED TALANDIER.

# DENIS DUSSOUBS

### A MON AMI COLLARD

———

Ils sont là, cent héros décidés à mourir
Pour le droit et la loi, traqués par Bonaparte ;
La tombe, pour ces fous, est prête à s'entr'ouvrir,
Mais, du poste d'honneur, pas un seul ne s'écarte.


Entassant les pavés, prêtant l'oreille au bruit,
Que fait à l'horizon la lâche fusillade ;
Ouvriers et bourgeois se parlent dans la nuit...
Un homme, tout à coup, franchit la barricade.


Qui vive ? C'est Denis Dussoubs ?... D'où venait-t-il ?
De se battre. Au faubourg, une balle bénigne
Avait griffé son flanc. Qu'on me donne un fusil,
Dit-il ; d'un trou plus large, amis, mon cœur est digne.


De son frère Gaston qui, malade, pleurait
De ne pouvoir descendre avec lui dans la rue,
Il avait pris l'écharpe : elle au moins y serait
Comme emblême sacré de la loi disparue.


Que va-t-il se passer ? Nul doute n'est permis,
L'homme de l'Elysée a bien pris ses mesures :
Saint-Arnaud, Canrobert, Magnan et *les* amis
Dans le sang et le vin ont noyé leurs chaussures.

Le boulevard est plein de cadavres troues
Par la balle sournoise ou par la baïonnette,
Sur les trottoirs sanglants on compte les tués :
L'intérêt et la peur ont fait la place nette.


Hugo, Baudin, Schœlcher ont fouillé le faubourg,
Dont Santerre autrefois avait fait sa famille,
Sans rencontrer dix doigts pour battre le tambour
Dans ce quartier qui vit s'écrouler la Bastille !


Tout est donc bien perdu. Les hardis combattants
Ont compté, recompté les cartouches qui restent ;
Il faut que le plaisir *puisse durer longtemps*
Et vendre cher la peau des derniers qui protestent.


La nuit se fait plus sombre ; on attend, anxieux,
Que quelque indice au loin décèle la tempête,
Chacun sonde le noir. Rien ! Rien !!... Soudain, un vieux,
Qui parlait de Barbès, dresse sa blanche tête.


Qu'est-ce donc ? Un bruit faible et rauque tout d'abord
Se rapproche et grandit, éclatant, formidable ;
Les clairons de Lourmel semblent sonner la mort
Et ses troupes chercher quelque brèche abordable.


La grande lutte allait épique s'engager.
— *De ce côté le peuple et de l'autre l'armée*, —
Comme l'a dit Hugo. — Souriant au danger,
Denis parle aux soldats d'une voix enflammée.


Le silence s'est fait, profond des deux côtés.
Debout, sur les pavés, s'offrant en point de mire
Aux fusils tout armés des chasseurs irrités,
Il leur dit de ces mots que le plus lâche admire.

Son cœur déborde. Il parle avec un tel accent
Que plus d'un se détourne en essuyant des larmes.
L'officier, pour parer au danger qu'il pressent,
Lui crie : avance à l'ordre ! — Il descendit... sans armes.

Ses amis n'avaient pas osé le retenir ;
A l'un d'eux, qui voulait le suivre, il dit : non, reste,
— Marchant tranquille et fier, en rêvant d'avenir,
Vers la fatalité comme un nouvel Oreste.

Une clarté jaillit du côté des soldats,
Un sergent, pour le voir, a levé sa lanterne.
— Feu ! Feu !! rugit alors une voix de Judas.
L'honnête homme avait cru le bandit de caserne.

Sur lui la fusillade éclate à bout portant ;
Criblé, sanglant, superbe, il peut crier encore :
Vive la République ! et *vrai* représentant
Meurt serrant sur son cœur l'écharpe tricolore !

*Paris, 4 Septembre 1879.*

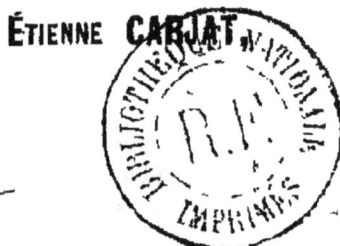

ÉTIENNE CARJAT

Paris. — Imp. J. Rigal et Cⁱᵉ, passage du Caire, 56.

76

## EN VENTE :

### AU BUREAU DU JOURNAL

# LA FEMME DANS LA FAMILLE ET DANS LA SOCIÉTÉ

### 60, Rue de Richelieu

## Chez CLER, Libraire, rue de Châteaudun, 21

## Et 39, Boulevard de Strasbourg, chez COLLARD

Trésorier du Comité.

www.ingramcontent.com/pod-product-compliance
Lightning Source LLC
Chambersburg PA
CBHW060505210326
41520CB00015B/4101